Todo lo que necesitas saber sobre Las enfermedades de transmisión sexual

Una conducta sexual responsable previene la propagación de las enfermedades de transmisión sexual.

Todo lo que necesitas saber sobre

Las enfermedades de transmisión sexual

Samuel G. Woods

Traducción al español
Mauricio Velázquez de León

The Rosen Publishing Group, Inc.
Editorial Buenas Letras™
New York

Published in 1990, 1994, 1997, 2000, 2003 by The Rosen Publishing Group, Inc.
29 East 21st Street, New York, NY 10010

First Edition in Spanish 2003
Revised English Edition 2000

Cataloging Data

Woods, Samuel G.
  Todo lo que necesitas saber sobre las enfermedades de transmisión sexual / Samuel G. Woods ; traducción al español Mauricio Velázquez de León.
      p. cm.—(Todo lo que necesitas saber)
  Includes bibliographical references and index.
  Summary: Describes sexually transmitted diseases, including AIDS, syphilis, gonorrhea, and genital herpes, and discusses their medical dangers and where to get help.
  ISBN 0-8239-3580-9
  1. Sexually transmitted diseases—Juvenile literature.
[1. Sexually transmitted diseases.   2. Spanish language materials.]
I. Title.   II. Series.
  616.95'1—dc21

Manufactured in the United States of America

Contenido

Introducción: Un vistazo a las enfermedades de transmisión sexual

De acuerdo con los Centros para el Control y Prevención de Enfermedades (CDC, por su siglas en inglés), los Estados Unidos tienen el mayor índice de infecciones de enfermedades de transmisión sexual, o ETS: de 50 a 100 veces más que otros países industrializados. Uno de cada cinco estadounidenses tiene una ETS, y entre los infectados, uno de cada cuatro es un adolescente. El costo para diagnosticar y tratar las enfermedades de transmisión sexual en los Estados Unidos es aproximadamente de 8,400 millones de dólares anuales.

La ETS más temida es el SIDA. De acuerdo con los CDC, existe un estimado de 900,000 estadounidenses infectados con el VIH (el virus que produce el SIDA). Se trata de un serio problema. Mucha gente ha perdido familiares o amigos a causa de esta enfermedad mortal, y frecuentemente escuchamos noticias de estrellas de cine o deportistas afectados por el VIH y el SIDA. Mucho se ha hecho para educar a la población acerca del SIDA. Esto incluye informar a los adolescentes sobre la enfermedad y explicarles la importancia de practicar sexo seguro.

Magic Johnson es VIH positivo (el virus que causa el SIDA). Aquí habla a los jóvenes sobre los peligros de esta terrible enfermedad.

Aunque el SIDA es la más peligrosa de las ETS, no es la única enfermedad que puede contraerse por medio de contacto sexual. Muchos jóvenes son infectados por otras ETS como la sífilis, la gonorrea, la herpes genital, las verrugas genitales, la clamidia y la tricomoniasis.

Las ETS pueden estar muy propagadas, pero muy pocas veces se habla de ellas. Existe un estigma, o "marca de vergüenza" unida a estas enfermedades. Muchas personas se sienten avergonzadas de haberse enfermado como consecuencia de una actividad sexual.

Ésta puede ser una de las razones por las que mucha gente no visita al doctor tan pronto como sospecha que ha sido infectada.

En las cuatro últimas décadas se ha realizado un gran esfuerzo para reducir la propagación de las ETS, y aunque en los Estados Unidos se ha reducido el índice a los niveles más bajos de todos los tiempos, aún continúa siendo el índice más alto entre los países industrializados. De acuerdo a reportes de los CDC, anualmente se producen aproximadamente 15.3 millones de nuevos casos de enfermedades de transmisión sexual en los Estados Unidos, tres millones de los cuales involucran a adolescentes.

El índice de contagio de enfermedades venéreas entre los adolescentes es muy difícil de controlar. En los casos más extremos, una persona puede propagar la enfermedad a miles de personas en cuestión de días o semanas. Algunas personas no saben que portan la enfermedad mientras la contagian a otros. Si tú crees que tienes una enfermedad de transmisión sexual y eres sexualmente activo, debes buscar tratamiento de inmediato.

Para las mujeres es especialmente importante consultar un doctor inmediatamente. Una ETS que no es atendida puede provocar serios problemas en el organismo, tales como esterilidad y enfermedad inflamatoria pélvica (EIP), que afectan el sistema reproductor. Si un bebé sobrevive durante el embarazo de una madre con alguna

ETS, podría nacer ciego, sufrir de retardo mental o tener deformidades en los huesos.

Aunque afortunadamente las medicinas actuales pueden curar muchas enfermedades venéreas y aliviar los síntomas de otras, es importante consultar a un doctor para no arriesgarse a sufrir graves consecuencias. La educación es vital para ayudar a quienes están infectados y para reducir el contagio. Es importante que todos practiquemos sexo seguro y disminuyamos así los índices de infección.

¿Cómo puedes reconocer los síntomas de una ETS? ¿Dónde puedes acudir para su tratamiento? ¿Cuál es la mejor forma de protegerte contra estas enfermedades? Éste libro te hablará de los hechos. Hablaremos de sexo y de cómo funciona tu cuerpo. Discutiremos métodos sexuales más seguros y otros temas que debes considerar si eres sexualmente activo.

Con este libro aprenderás que no tienes por qué sentirte avergonzado de tener una enfermedad de transmisión sexual. Millones de personas las sufren. Recuerda que no estás sólo. Existen personas y lugares que pueden ayudarte. Algunas ETS son curables, pero es importante que conozcas los hechos. El mayor peligro al que te enfrentas es la ignorancia.

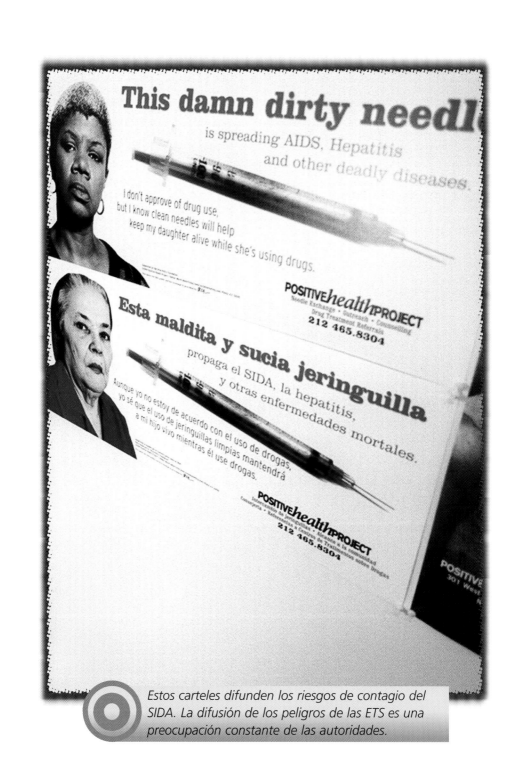

Estos carteles difunden los riesgos de contagio del SIDA. La difusión de los peligros de las ETS es una preocupación constante de las autoridades.

Capítulo 1

Datos importantes

De acuerdo con las CDC, anualmente se producen 333 millones de nuevos casos de enfermedades de transmisión sexual en el mundo. El mayor índice de infección se da en los Estados Unidos, con 85 por ciento de enfermedades comunes transmitidas sexualmente. Esto significa que tienes una posibilidad mayor de contraer una enfermedad de transmisión sexual en los Estados Unidos que en cualquier otro país industrializado. Además, dos terceras partes de las ETS ocurren en personas menores de 25 años.

Aunque cada enfermedad de transmisión sexual es única, todas comparten ciertas similitudes. Todas se transmiten a través de contacto íntimo o sexual, y todas son peligrosas si no se atienden a tiempo. Algunas pueden producir una muerte lenta y dolorosa.

Muchas enfermedades de transmisión sexual tienen síntomas similares. Pero algunas no presentan ningún tipo de síntoma. Algunos síntomas comunes pueden incluir secreción del pene o la vagina; enrojecimiento o comezón en los genitales; dolor o irritación durante el sexo o al orinar; e inflamación o ampollas en la zona genital. Sólo existe un punto en común entre todas las enfermedades de transmisión sexual: todas deben ser atendidas cuanto antes.

¿Qué causa las ETS?

Como todas las enfermedades, las de transmisión sexual son causadas por diferentes tipos de gérmenes. Un germen es un invasor microscópico en el cuerpo. Los gérmenes entran al cuerpo de muchas maneras distintas.

La mayoría de las enfermedades son causadas por dos tipos de gérmenes: bacterias y virus. Las bacterias son pequeños organismos que viven en el cuerpo, las plantas, el agua y el aire. No todas las bacterias son dañinas, pero algunas producen enfermedades. Una bacteria, por ejemplo, produce la intoxicación alimenticia.

Los virus son otros pequeños agentes de infección. Cuando un virus entra en el cuerpo evita que las células realicen sus funciones normales. Cuando te sientes enfermo, los síntomas que tienes son causados por la reacción de tu cuerpo a la invasión del virus. El resfriado y la gripe común son enfermedades virales.

Las enfermedades transmitidas sexualmente son contagiosas. Esto significa que puedes adquirirlas de otra persona. A diferencia del resfriado o la gripe, que también son contagiosas, las enfermedades transmitidas sexualmente son adquiridas sólo a través del contacto sexual con una persona que porta la enfermedad, y no se propagan a través de la tos y el estornudo. Las enfermedades contagiosas son serias y pueden producir temor debido a la velocidad con la que se propagan. Una persona puede contagiar a cientos o miles de personas. Pon atención a este ejemplo: una persona infectada tiene relaciones sexuales con diez personas. Después, cada una de estas personas tiene relaciones sexuales con otras diez personas. Esto significa que 101 personas se han expuesto a la enfermedad. ¿Qué pasaría si cada una de estas personas tiene relaciones sexuales con otras diez personas? Entonces serán 1,010 personas las expuestas a la enfermedad. Todo esto por una sola persona infectada.

La mayoría de los casos de enfermedades de transmisión sexual ocurren en adolescentes sexualmente activos. Mientras más compañeros sexuales tengas, mayores serán las posibilidades de contraer una enfermedad.

Las enfermedades de
transmisión sexual

¿Cómo se pueden prevenir?

Probablemente has escuchado a alguien decir que el sexo seguro te puede proteger de una enfermedad de transmisión sexual. Y el único sexo completamente seguro es abstenerte de tener relaciones sexuales. Pero si decides tener relaciones sexuales, la mejor forma de prevenir las enfermedades de transmisión sexual es siguiendo un comportamiento sexual responsable. Por eso es acertado utilizar un condón (preservativo). Los condones son moldes de caucho que se colocan sobre el pene erecto antes de tener una relación sexual. Éstos previenen un contacto genital directo entre los compañeros. Sin contacto genital directo, las posibilidades de contraer una enfermedad o contagiar a alguien son mucho menores. Los condones también son muy efectivos para el control de la natalidad.

Otros objetos para el control de la natalidad, tales como los diafragmas utilizados con espuma espermicida, protegen parcialmente a la mujer, y también al hombre contra algunas ETS. Estos métodos no son infalibles y siempre deben ser utilizados junto con un condón. Las píldoras anticonceptivas no previenen las enfermedades de transmisión sexual.

El sexo seguro también significa conocer el pasado sexual de tu pareja y ser honesto sobre tu propia historia. Esto es importante porque el pasado sexual de tu pareja tiene un efecto en tu salud. En los siguientes capítulos discutiremos otras formas de sexo seguro.

El contagio

Las enfermedades de transmisión sexual son un gran problema en los Estados Unidos. Existen aproxima damente veinte tipos diferentes y muchas producen dolor e incomodidad. También pueden resultar muy costosas en su tratamiento y tener efectos a largo plazo y muy peligrosos.

Una de las razones por las cuales los adolescentes se encuentran en especial riesgo es que su sistema inmunológico aún no se encuentra completamente desarrollado. Además, los años de la adolescencia son de experimentación. Algunos adolescentes prueban las drogas y alcohol mientras establecen su identidad. Bajo la influencia de las drogas o el alcohol, los adolescentes están más inclinados a correr riesgos. También es menos probable que usen la protección adecuada para prevenir o reducir el riesgo de contraer enfermedades de transmisión sexual.

Los adolescentes y los adultos jóvenes forman una gran parte del número de estadounidenses infectados con enfermedades de transmisión sexual.

De acuerdo con un reporte de la *Kaiser Family Foundation*, 57 por ciento de los nuevos casos de ETS se da en personas entre los 15 y los 24 años. Este reporte afirma que la gente joven se encuentra en mayor riesgo porque es más probable que sean solteros y tengan comportamientos de mayor riesgo que otros adultos. Aunque el número total de personas con enfermedades de transmisión sexual ha aumentado en los años recientes, más personas están aprendiendo métodos de prevención. Si más y más personas aprenden los métodos de prevención, el índice de infección podría comenzar a disminuir en el futuro.

Las ETS son una responsabilidad compartida

Con frecuencia un compañero culpará al otro de haberle contagiado una ETS. Esta actitud no es justa. Cuando dos personas tienen una relación sexual, ambos son responsables de lo que sucede. Pero si una persona sabe que tiene una enfermedad de transmisión sexual, es justo que él o ella le diga a su pareja sobre su padecimiento. Las enfermedades de transmisión sexual son siempre un asunto importante.

Capítulo 2

Conoce tu cuerpo

Las ETS se transmiten a través de contacto sexual y generalmente son los órganos sexuales los primeros en mostrar algún signo de contagio. Una manera de aprender a prevenir las ETS es sabiendo cómo funciona tu cuerpo y el de tu compañero o compañera.

Órganos sexuales masculinos

Los órganos sexuales masculinos están localizados en el interior y el exterior del cuerpo del varón. El pene y los testículos se encuentran en el exterior. Los testículos están en un saco llamado escroto. Éstos producen espermatozoides, que se encuentran en un líquido llamado semen. Durante el clímax sexual, el pene libera el semen por medio de una serie de espasmos musculares que se conocen como eyaculación.

Cuando el semen entra a la vagina de la mujer durante el contacto sexual o coito, puede viajar por las trompas de Falopio, fertilizar un óvulo (huevo) y embarazar a la mujer.

En la mayoría de los casos, un hombre con una enfermedad de transmisión sexual porta la bacteria o virus en un tubo dentro del pene. De esta forma la enfermedad pasa a través del pene por medio del semen.

Órganos sexuales femeninos

Los órganos sexuales femeninos se llaman en conjunto la vulva. La vulva consiste de labia (labios vaginales) y clítoris. El clítoris, que se encuentra ubicado al frente de la vagina, se estimula durante la actividad sexual.

La mayor parte de los órganos sexuales femeninos se encuentran dentro del cuerpo de la mujer. La vagina es el conducto que lleva al útero (matriz). Las trompas de Falopio surgen de cada lado del útero y tienen un ovario al final de cada una de ellas. Cada mes, uno de los ovarios produce una célula sexual (óvulo). Cuando esto sucede el óvulo es liberado desde el ovario hacia las trompas de Falopio. Cuando el óvulo se encuentra en las trompas puede ser fecundado por un espermatozoide. Si el óvulo es fecundado, entonces se implanta en la pared del útero para comenzar a crecer. Si no es fecundado, el óvulo será expulsado del cuerpo a través de la menstruación.

Para prevenir las enfermedades de transmisión sexual es importante saber que cuando una mujer se excita sexualmente, su labia y vagina se humedecen. Las bacterias pueden crecer y multiplicarse con mucha facilidad en este ambiente húmedo y cálido. Cuando la mujer es tocada o penetrada por la boca o pene de su compañero, esta bacteria puede ser intercambiada.

Más sobre el contacto íntimo

En este libro aprenderás qué tipo de contacto íntimo te pone en riesgo de contraer una ETS, y cuál resulta inofensivo. Un contacto sexual íntimo significa intercambio de fluidos corporales, tales como saliva, semen, secreciones vaginales, y en ocasiones, sangre, que se lleva al cabo durante las relaciones sexuales. Cuando besas o penetras los genitales de tu compañera(o), se realiza un intercambio de todos los gérmenes o virus presentes en estos fluidos.

Durante un beso en la boca también se realiza un intercambio de fluidos, en este caso de saliva. Generalmente besar no resulta muy peligroso. La excepción a esta regla sucede si una persona tiene un brote de herpes labial y entonces puede transmitir el virus a otra persona (se hablará con más detalle de esto más adelante). Los besos también pueden ser peligrosos si la persona tiene alguna enfermedad de transmisión sexual en la boca o garganta.

Los condones reducen el riesgo

La única forma completamente segura de prevenir el contagio de las ETS es no teniendo relaciones sexuales. Existen muchas maneras de expresar cariño que no involucran el coito. Los abrazos, el masaje, besarse y acariciarse son formas completamente seguras.

Si decides tener relaciones sexuales, entonces hazlo de una manera segura. Los condones reducen significativamente el riesgo de contraer una enfermedad de transmisión sexual, además de disminuir de manera considerable las probabilidades de un embarazo. Pero los condones sólo cumplen su función si los utilizas correctamente.

Desde que el SIDA se convirtió en un serio problema de salud a nivel mundial, los condones pueden conseguirse con facilidad. Además de que se venden en cualquier farmacia, con frecuencia puedes conseguirlos en la clínica de salud de tu escuela, en oficinas de planificación familiar, en el consultorio de tu doctor, en gasolineras y en baños públicos.

Algunas personas no quieren molestarse con el uso del condón. Un condón debe colocarse en un pene que ha sido estimulado y se encuentre erecto. Para muchas personas esto significa detenerse en un mal momento. Pero el condón no sólo puede prevenir un embarazo sino evitar que te contagies de VIH u otras enfermedades de transmisión sexual.

Cómo utilizar el condón

• Coloca el condón antes de que el pene toque la vagina, la boca o el ano.
• Presiona suavemente la punta del condón para sacarle el aire. Deja un espacio en la punta para contener el semen.
• Desenrrolla el condón en su totalidad sobre el pene erecto.
• Si sientes que el condón se ha roto o se ha salido, detente de inmediato y colócate un condón nuevo.
• Tras la eyaculación, el hombre debe tomar el condón por su borde y sacarlo lentamente del pene mientras éste permanezca erecto.
• Utiliza un nuevo condón si vas tener relaciones sexuales nuevamente.

Nota importante: Nunca uses un condón si la envoltura está abierta.

Algo que debes recordar:
• No todos los condones están hechos de la misma manera. Los condones más efectivos están hechos de látex. Algunos fabricados con plástico también pueden ser altamente efectivos. Aquellos hechos de piel de cordero son más porosos y no protegen contra las ETS.

- Si utilizas un lubricante para facilitar la penetración, elige uno hecho con agua (como el K-Y©) Nunca utilices lociones para el cuerpo, aceite de bebé, Vaseline©, o cremas limpiadoras con condones de látex, porque el aceite de estos productos debilita el condón. Siempre trata los condones con cuidado.
- Lo más importante: utiliza un condón en cada ocasión que tengas relaciones sexuales, sean estas vaginales, orales o anales. Usa un condón cada vez.

Mantenerse en control

Protegerse de las enfermedades de transmisión sexual es responsabilidad de ambas partes. Esto significa que aunque tienes el derecho de esperar que tu compañero (a) haga su parte, tú debes estar preparado para hacer la tuya.

¿Me veré como una persona "fácil" si llevo condones conmigo?

Tener condones a la mano es una decisión inteligente. No significa que seas "fácil", y tampoco significa que debas tener relaciones sexuales. Sólo significa que, si decides hacerlo, podrás proteger tu salud. Recuerda; no cargues condones en tu billetera; si lo haces tu calor corporal puede desintegrar el condón.

¿Qué es un condón femenino?

El condón femenino, una novedosa y efectiva forma de prevenir el embarazo y las ETS, es un bolso de po-

Los condones reducen significativamente el riesgo de contraer una enfermedad de transmisión sexual.

liuretano (plástico) que se coloca dentro de la vagina de la mujer. En cada extremo del bolso hay un suave anillo. El anillo exterior se mantiene fuera de la vagina y cubre parcialmente la labia. El anillo interior se ajusta dentro de la vagina, como un diafragma, para sujetar el condón en su sitio. El condón femenino se puede colocar hasta dos horas antes de sostener la relación sexual. Al igual que el condón masculino, se debe utilizar un condón nuevo por cada relación sexual.

¿Cómo puedo protegerme durante el sexo oral?

Se pueden utilizar dos cosas para la protección durante el sexo oral. Para el sexo oral en un hombre, se puede utilizar el condón y algunos están especialmente fabricados para eso (muchos incluso tienen diferentes sabores). Para el sexo oral en una mujer, lo mejor es utilizar un dique dental. Éste es una pieza de látex que previene el intercambio de fluidos al cubrir la vagina y la labia de la mujer.

Tres cosas que debes saber

Si estás consciente de los siguientes tres puntos, podrás reducir considerablemente el riesgo de contraer una ETS, y si ya estás infectado aumentarás las posibilidades de detectar la enfermedad en una etapa temprana.

Conocer el pasado sexual de tu compañero o compañera. Como vimos en el primer capítulo, las enfermedades de transmisión sexual pueden propagarse muy rápidamente. Tener relaciones sexuales con alguien que las ha tenido con muchas otras personas en un corto periodo de tiempo significa un riesgo. Cada persona con la que tu compañero ha tenido relaciones sexuales incrementa el riesgo de que él o ella porten alguna enfermedad. Esto incrementa tus posibilidades de contagio. Tener relación con un solo compañero(a) no-infectado(a), hace que la situación sea más segura.

Conoce tu cuerpo. Revisa cuidadosamente tu cuerpo. Aprende la manera como luce normalmente. Pon atención a la forma como te sientes y como te ves. Pon atención a los cambios que aparezcan en tu cuerpo. ¿Hace cuánto tiempo aparecieron? ¿Están mejorando y desapareciendo, o han ido empeorando? ¿Podría ser que estos cambios se deban a algo más, o podrían ser signos de una ETS?

Si crees que podrías tener una ETS debes buscar ayuda de inmediato. El personal médico siempre estará dispuesto a ayudarte.

Conoce el cuerpo de tu compañero(a). Pon atención a cualquier cambio en su apariencia o cualquier otro problema. No sientas temor o vergüenza de preguntarle sobre su cuerpo. Eso podría salvarte la vida.

Si crees que podrías tener alguna ETS, es muy importante que busques ayuda médica de inmediato.

Capítulo 3

VIH y SIDA: epidemias modernas

Hoy es el cumpleaños de Ana, pero ella no lo está celebrando. El único regalo que quiere recibir son buenas noticias de la clínica. Hace tres meses Ana fue a una fiesta en la que todos estaban bebiendo, y bebió un poco de más. Ana besó a un chico que le pareció bastante guapo. Ella recuerda que el chico la tomó de la mano y la llevó escaleras arriba. Entonces entraron en una habitación y el chico cerró la puerta con llave.

Aunque sus recuerdos de aquella noche son un poco borrosos, Ana sabía que habían tenido relaciones sexuales. A pesar de que sabía acerca del sexo seguro y los condones, aquella noche no usó protección. Unos días más tarde fue a la clínica para hacerse un examen de VIH. Ana sólo pensaba cómo podía haber sido tan tonta. Ahora se preguntaba sobre el pasado sexual del chico con el que se acostó y acerca del riesgo que había *tomado con su cuerpo. ¿Sería VIH positiva? ¿Podría contagiarse de SIDA?*

José y Roberto están celebrando su relación de seis meses. Se conocieron en un bar para adolescentes gay y desde entonces han estado juntos. Ésta es la primera relación homosexual de José, pero Roberto salió con otro chico el año pasado. José y Roberto se hicieron juntos el examen de VIH y quedaron muy aliviados al saber que ambos eran VIH negativos. Pero también saben que si empiezan a salir con otras personas el próximo año, cuando Roberto vaya a la universidad, entonces tendrán que vivir toda esta incertidumbre de nuevo. Cada vez que tengan relaciones sexuales con una nueva persona tendrán que preguntarse si ésta tiene VIH.

Posiblemente has escuchado mucho sobre el SIDA y piensas que no tiene mucho que ver contigo. Cuando el SIDA apareció por primera vez en las noticias, la gente creyó que únicamente los homosexuales y los drogadictos podían contraer la enfermedad. Pero ahora sabemos que cualquiera puede contraerla.

¿Qué significa SIDA?

SIDA significa Síndrome de Inmunodeficiencia Adquirida, una enfermedad que debilita el sistema inmunológico del cuerpo. En circunstancias normales, el sistema inmunológico combate las infecciones y enfermedades. Cuando el sistema se debilita, una persona puede contraer una extensa variedad de enfermedades que pueden acabar con su vida. Eventualmente esta persona puede morir por una o varias de estas enfermedades.

El SIDA es causado por el VIH

El SIDA es causado por un virus llamado Virus de Inmunodeficiencia Humana, o VIH. Cuando una persona se infecta con el VIH, entonces se dice que es VIH positiva. Una vez que el virus entra en el cuerpo, comienza a crecer y a multiplicarse. Es entonces cuando comienza a atacar el sistema inmunológico. Normalmente, cuando un virus o germen entra al cuerpo, el sistema inmunológico lo combate. La células blancas tratan de matar aquellas células que han sido invadidas por el virus y evitan que se multipliquen. Si las células blancas no logran acabar con suficientes células infectadas, el virus ganará la batalla, y la persona será vulnerable a infecciones.

Lo doctores aún no tienen todas las respuestas acerca de la forma como el sistema inmunológico es destruido, y no saben cómo evitar que el VIH se multiplique. Saben, sin embargo, que una vez que el virus comienza a hacer su trabajo, el cuerpo perderá su capacidad de combatir la enfermedad. Una vez que el sistema inmunológico es destruido, la persona no podrá defenderse de virus y gérmenes. Cuando las células blancas han disminuido a ciertos niveles, se dice que la persona tiene SIDA.

¿Te dará SIDA si tienes VIH?

El VIH no es SIDA, y es posible ser VIH positivo por muchos años sin tener SIDA. Pero cerca de la mitad de las personas infectadas con VIH desarrollarán el SIDA en los próximos años. El tiempo que le toma al SIDA para desarrollarse, y la gravedad de las enfermedades relacionadas con el SIDA variará de persona a persona. Muchos factores se entran en juego, incluida la salud general de la persona infectada.

¿Cómo puedes contraer el VIH?

Existen dos maneras de infectarte con VIH:

- Tener relaciones sexuales sin protección con una persona infectada. Éstas pueden ser vaginales, anales u orales.
- Compartir inyecciones o jeringas con una persona infectada.

Además de esto, las mujeres infectadas con VIH pueden transmitir el virus a sus bebés durante el embarazo o al momento del nacimiento. Las transfusiones de sangre también han sido transmisoras de la enfermedad. De cualquier forma, desde 1985, todas las donaciones de sangre han sido cuidadosamente examinadas, haciendo que hoy en día este tipo de transmisión sea poco probable.

Tú puedes propagar el VIH sin saberlo

Tú puedes estar infectado de VIH y no presentar ningún síntoma. Puedes sentirte completamente sano, pero si portas la infección, puedes pasar el virus a cualquiera con quien tengas relaciones sexuales sin protección o con quien compartas agujas o jeringas.

Muchas personas infectadas no presentan síntomas y no se han realizado la prueba del SIDA. Si tienes relaciones sexuales sin protección con alguna de estas personas, estarías poniendo tu vida en peligro.

¿Cuáles son los síntomas del SIDA?

Existen muchos síntomas del SIDA, y con frecuencia tardan un tiempo considerable en aparecer. Se puede portar el virus por varios años y aún así verse saludable. Los pacientes pueden tener uno o varios de los síntomas porque el sistema inmunológico de cada cuerpo presenta una resistencia diferente a la enfermedad.

Éstos son algunos síntomas del SIDA:

- Debilidad y fatiga extrema
- Inflamación de las glándulas linfáticas
- Rápida pérdida de peso
- Tos seca y/o persistente
- Manchas blancas en la lengua y garganta
- Hematomas frecuentes y sangrado inexplicable
- Fiebre frecuente
- Sudor nocturno
- Hinchazón, salpullido, tumores o otras afecciones de la piel
- Problemas para recuperarse de enfermedades comunes como la gripe y el resfriado

SIDA: ¿Un remedio a la vista?

Durante los últimos diez años se ha realizado una investigación considerable en busca de un remedio para el VIH y el SIDA. Los científicos se encuentran cada día más cerca de la comprensión del virus, y así poder encontrar una vacuna. Se han desarrollado algunas medicinas que disminuyen la propagación del VIH en el cuerpo, permitiendo que aquellos infectados con el virus puedan tener una vida más controlada hasta que sea hallado un remedio.

¿Cómo prevenir el VIH?

Tú puedes pensar que esto del SIDA no puede pasarte a ti. Pero la realidad es que sí puede sucederte.

La mejor forma de reducir el riesgo de infectarte con VIH es no teniendo relaciones sexuales. Pero si decides tener relaciones sexuales, la mejor protección contra el VIH y otras ETS es utilizar condones de látex. Además debes conocer tanto como te sea posible el pasado sexual de tu compañero o compañera.

Otras formas de protegerte del VIH si utilizas drogas ilegales es evitar compartir jeringas y agujas (No deberías usar drogas de ninguna manera, pero esa es una discusión diferente). También debes tener cuidado al realizarte perforaciones corporales (piercings) o tatuajes, y hacerlo siempre con una persona calificada que utilice instrumental esterilizado.

¿Deberías hacerte el examen de VIH?

Un examen de anticuerpos determina si el virus VIH se encuentra en tu cuerpo. Este examen es confidencial, y aunque actualmente es posible hacerlo por correo, quizás sea mejor que lo hagas en un consultorio médico o una clínica. Es importante hablar con un profesional de la salud, tanto antes como después de haberte realizado el examen.

Cómo NO puedes contagiarte de VIH

De acuerdo con el Centro Prevención y Control de Enfermedades, no es posible contagiarse de VIH de las siguientes maneras:

- Donando sangre en un banco de sangre
- A través del contacto diario con personas infectadas, en la escuela, el trabajo, el hogar o cualquier otro sitio
- A través de prendas de vestir, fuentes de agua, teléfonos, o el asiento del retrete (toilet)
- Comiendo alimentos preparados por una persona infectada o compartiendo vasos, tazas, cubiertos y otros utensilios
- Por picaduras de mosquitos, chinches, piojos, moscas u otros insectos
- Por el contacto con sudor, saliva o lágrimas

Además no se contrae el VIH a través de un beso, aunque es posible dar o recibir VIH por medio de besuqueos largos y prolongados, especialmente si tienes una cortada o llaga en la boca o garganta. Sin embargo, la mayor parte de los científicos están de acuerdo en que ésta no es una forma común de transmisión.

Las llagas o úlceras en los labios pueden ser un signo de una enfermedad venérea.

Capítulo 4

Sífilis: amenaza oculta

La sífilis es causada por un pequeño germen llamado espiroqueta. Las espiroquetas son bacterias muy pequeñas que prácticamente pueden vivir en cualquier parte del cuerpo. Además, la sífilis es contagiosa. Es una enfermedad venérea, lo que significa que sólo se transmite a través de contacto sexual.

La sífilis tiene un periodo de incubación bastante largo, lo que quiere decir que le toma mucho tiempo desarrollarse y ser percibida. Su periodo de incubación varía de tres semanas a tres meses.

Tras la incubación, una úlcera aparece en el área infectada. La úlcera es contagiosa durante el tiempo que es visible. Las espiroquetas se encuentran en la úlcera y son las que contienen la enfermedad.

A las úlceras de la sífilis se las conoce como "chancros" y pueden parecer cortadas o sarpullidos. Una persona puede infectarse de sífilis al tener contacto directo con una úlcera abierta. La úlcera puede estar en la boca, la vagina, el recto o el pene de una persona infectada.

Durante las relaciones sexuales, el pene del hombre entra en contacto con la vagina, el recto o la boca de su compañero o compañera. Generalmente éstos son los órganos que tienen la úlcera de la sífilis. Así es como las espiroquetas ingresan al cuerpo de la persona sana.

Lucía y Cristóbal habían salido juntos durante dos meses cuando ella notó por primera vez una úlcera rojiza en uno de sus labios. Una semana más tarde la úlcera seguía ahí y, aunque no era dolorosa, había comenzado a crecer.

"¿Qué crees que sea? Lucía le preguntó a Cristóbal.
"No lo se sé. Quizás debas ir a ver a un doctor."
Lucía no quería visitar al doctor porque sospechaba que la úlcera podía estar relacionada con su actividad sexual, y no quería que sus padres se enteraran. Pero Cristóbal estaba pre-ocupado porque la úlcera no desaparecía, y finalmente la convenció de ir al doctor.
Tras el examen, el doctor les dijo que ambos tenían sífilis y les prescribió penicilina, una medicina muy efectiva para estos casos. El doctor les dijo que si creían tener una ETS debieron haber buscado tratamiento médico de inmediato. Cuando las ETS se dejan desatendidas es cuando realmente causan daño.

Las 3 fases de la sífilis

Primera fase

Una úlcera sifilítica crecerá en la zona del cuerpo donde la infección fue transmitida. Esto se conoce como la sífilis primaria. Generalmente esta úlcera tendrá muy mal aspecto. Puede verse rojiza y estar húmeda. Sin embargo, esta úlcera no causa dolor. Sólo es bastante desagradable.

En ocasiones, la lesión aparece en el pene y es fácil de percibir, pero muchas úlceras sifilíticas son muy difíciles de descubrir. Pueden estar en el interior de la vagina o bajo el prepucio del pene; pueden aparecer bajo la lengua o en el interior del recto.

Tras unas semanas la úlcera sifilítica desaparece, lo que produce un sentimiento de alivio. Con frecuencia la persona infectada siente que la sífilis "ha desaparecido". Pero no lo ha hecho. Solo se ha "escondido" en el organismo.

Segunda fase

Si la úlcera ha desaparecido, y aún no se ha tratado la sífilis, la enfermedad se torna más peligrosa. Es entonces cuando entra en la etapa secundaria, que puede darse entre la sexta semana o los seis meses a partir del comienzo de la enfermedad.

En la etapa secundaria, las espiroquetas se han multiplicado por todo el organismo y los síntomas pueden tomar formas distintas. La mayoría, sin embargo, aparecen en la membrana mucosa de la piel.

La membrana mucosa es el suave recubrimiento de las cavidades del cuerpo, como la nariz y la boca. Un sarpullido puede propagarse en la piel. Con frecuencia se localiza en las palmas de las manos o las plantas de los pies. También pueden comenzar a caer mechones de cabello.

Cuando aparecen estos síntomas significa que la persona es muy contagiosa. Quienes tengan relaciones sexuales con ella contraerán la sífilis. Estos síntomas pueden durar varias semanas y después comenzarán a desaparecer. Pero incluso cuando han desaparecido la sífilis continúa presente.

Tercera fase: sífilis latente

Al desaparecer la segunda etapa, la persona tiene sífilis latente. Latente significa escondida. Una persona con sífilis latente no presentará más síntomas, pero un examen de sangre seguirá mostrando la enfermedad.

La mayoría de las personas dejarán de transmitir la enfermedad tras un año de infección. Pero si la sífilis se deja desatendida por mucho tiempo causará daños muy serios. Los pacientes que no reciben tratamiento pueden sufrir daños cerebrales. Las espiroquetas destruirán los tejidos en el cerebro y afectarán el corazón, la piel y los huesos.

Cuando la sífilis no recibe tratamiento puede provocar otros síntomas. El daño en la médula espinal y la parálisis pueden ser algunos de ellos. Muchas víctimas pierden su habilidad de ver y caminar, como resultado del daño lento que las espiroquetas causan al tejido de los distintos órganos.

Sífilis y embarazo

Para una mujer embarazada resulta extremadamente peligroso tener sífilis. Una mujer embarazada puede transmitir la enfermedad a su bebé durante el nacimiento. La sífilis en un recién nacido puede causarle deformidades e incluso la muerte.

Cómo se trata la sífilis

El tratamiento para la sífilis es simple, especialmente si la enfermedad es detectada a tiempo. La sífilis puede ser tratada y curada con penicilina. Si un paciente es alérgico a la penicilina, el doctor puede recomendar otro antibiótico.

La propagación de la sífilis

Cada año se presentan aproximadamente 700,000 nuevos casos de sífilis en los Estados Unidos, lo que la convierte en una enfermedad de gran propagación. Se presentan también 3,400 casos de sífilis congénita, que es la sífilis que se contrae durante el nacimiento. El tratamiento temprano de la sífilis es más seguro para el paciente, más económico y previene daños a largo plazo en el organismo.

Capítulo 5

Gonorrea, clamidia y tricomoniasis

Julio fue al doctor la semana pasada y descubrió que tenía gonorrea. En lugar de decirle a su novia Denise sobre la enfermedad, decidió terminar con ella. Pero entonces comenzó a sentirse culpable por no haberle dicho la verdad.

Finalmente le dijo todo a Denise. Ella estaba enojada porque quizás la había contagiado. Además estaba molesta de que Julio terminara con la relación sin haber sido sincero con ella.

Fueron al doctor para que los examinara. El médico confirmó que ella también tenía gonorrea. Ambos aprendieron que tener relaciones sexuales, sin utilizar el condón, aunque sea en una sola ocasión, puede ser suficiente para propagar la bacteria. Fue una dura lección para ambos.

Si un compañero le contagia a otro una ETS, ambos deben buscar atención médica.

¿Qué produce la gonorrea?

La gonorrea es producida por una bacteria llamada *Neisseria gonorrhea*. Esta bacteria no puede vivir fuera del organismo. Vive en la membrana mucosa en el interior de los párpados, la boca, el recto, el pene o la vagina.

No es cierto que puedas contraer gonorrea por medio de un encuentro casual. No puedes contagiarte de la manija de una puerta o del asiento del retrete. No se contagia por un apretón de manos o a través de una cortada en la piel. Las dos únicas formas de contagio son a través de actividad sexual y durante el nacimiento.

Gonorrea en el hombre

Cuando un hombre sano tiene relaciones sexuales con un compañero o compañera que tiene gonorrea, la bacteria entra a las partes del cuerpo que son utilizadas en el acto sexual, tales como el pene, la boca o el recto. Comúnmente la gonorrea entra en la uretra, el conducto dentro del pene del hombre que transporta el semen y la orina hacia el orificio en la cabeza del pene. En la uretra la bacteria comienza a multiplicarse. Cada diez o quince minutos se duplica en número y en cuestión de horas se multiplica en millones. Este periodo de incubación puede durar hasta 28 días, pero el periodo normal es de 8 a 10. El cuerpo trata entonces de combatir la infección. Pero las células blancas son superadas muy pronto. Las células blancas muertas y la bacteria forman la pus, que se acumula en el área infectada.

Tras la incubación, comienzan a aparecer los síntomas. Generalmente se trata de ardor al orinar. La pus brota del pene. Aquí es cuando la mayoría de los hombres se dan cuenta de que algo está sucediendo y buscan atención médica. De cualquier forma es mejor tratar la gonorrea antes de que aparezcan estos síntomas. De no hacerse puede ser aún más peligrosa.

En los varones la bacteria viajará de la uretra a los testículos. La pus en estos órganos puede destruir tejido y producir esterilidad. Esto significa que no podrán tener hijos. La gonorrea que no es atendida también puede ser causa de artritis y problemas cardíacos.

Un hombre tiene las mismas probabilidades de tener gonorrea que una mujer. El hombre puede contagiar a la mujer durante una relación sexual, y la mujer transmitírsela a un hombre. Cuando alguien está infectado, lo más probable es que contagie a otras personas durante las relaciones sexuales.

Gonorrea en la mujer

Cuando una mujer sana tiene relaciones sexuales con un compañero que tiene gonorrea, la bacteria ingresa al cuerpo a través de las partes del cuerpo con membrana mucosa que se utilizan durante la relación sexual. Con mayor frecuencia la bacteria entra por la vagina. Cuando entra a través de la vagina, la bacteria permanece en las células del cuello uterino o cérvix.

En ocasiones la infección produce un ligero ardor al orinar, y podrá salir pus de la vagina. Aunque lo más común es que esta enfermedad sea asintomática (que no presenta síntomas visibles).

Cuando la bacteria viaja hacia otros órganos sexuales, la infección es más seria. La bacteria se posará en el útero o en las trompas de Falopio. Cuando estos órganos se infectan, comienza a formarse pus y ésta produce dolor e hinchazón. También se produce fiebre y dolor abdominal. Si la gonorrea se deja sin tratamiento, la mujer puede quedar estéril.

Si una mujer embarazada se contagia con gonorrea y no es curada, el bebé puede adquirir la bacteria al nacer. Lo más probable en estos casos es que la infección alcance los ojos del bebé, produciéndole ceguera.

¿Cómo se trata la gonorrea?

La bacteria de la gonorrea puede ser detectada en el microscopio. Una muestra de pus presentará la bacteria. La gonorrea se trata con antibióticos. En muchos Estados no se utiliza la penicilina para tratar la gonorrea. Esto debido a que algunos tipos de bacteria no son destruidos con la penicilina. Los pacientes en estos Estados reciben otros medicamentos que pueden acabar con la bacteria.

Clamidia: Una enfermedad de transmisión sexual muy común

Hasta hace muy poco tiempo, la clamidia era considerada la ETS de más rápida propagación en los Estados Unidos. Es especialmente común entre adolescentes y jóvenes adultos. La clamidia es causada por la bacteria *Chlamydia trachomatis*. Como otras ETS, se transmite por contacto directo con los genitales, el recto o la boca durante las relaciones sexuales.

El problema para detectar una infección de clamidia radica en que la mayor parte de las mujeres, y cerca de la mitad de los hombres infectados, no muestran ningún síntoma. Los síntomas de la clamidia pueden aparecer una semana después de haberse expuesto a la bacteria, pero generalmente tardan un mes en aparecer.

¿Qué síntomas debes buscar? Debido a que la clamidia afecta generalmente los órganos reproductores internos de la mujer, algunas experimentan dolor durante el coito, un dolor en el bajo abdomen, o sangrado entre los periodos menstruales. Por lo demás, los síntomas de la clamidia son muy similares a los de la gonorrea. Tanto hombres como mujeres pueden experimentar una leve fiebre o ardor al orinar. Secreciones de la vagina o el pene son también síntomas comunes. Los hombres con clamidia pueden sentir ardor o comezón alrededor del pene, y en ocasiones los testículos se llegan a hinchar.

Como la clamidia es tan difícil de detectar, los doctores aconsejan a las personas sexualmente activas que se realicen un examen anual para determinar si tienen alguna enfermedad de transmisión sexual. Si descubres que tienes clamidia, díselo a tu compañero sexual de inmediato. Tu compañero debe hacerse un examen aunque no presente ningún síntoma.

Si la clamidia no se trata a tiempo, puede producir serios problemas. De hecho, es la principal causa de esterilidad, especialmente entre mujeres.

Afortunadamente, la infección puede ser tratada y curada con antibióticos. Al recibir pronta atención puedes prevenir daños a tu sistema reproductor.

Tricomoniasis

Otra enfermedad de transmisión sexual que resulta difícil de detectar es la tricomoniasis, comúnmente conocida en inglés como *"trish"*. Con frecuencia la tricomoniasis es conocida como una enfermedad femenina porque puede producir vaginitis, o inflamación de la vagina. Pero los hombres también pueden contraerla, y como la mayor parte de los hombres y muchas mujeres no muestran signos de la enfermedad, es muy fácil que en una pareja la enfermedad se pase de uno a otro.

La tricomoniasis es producida por un parásito que crece en los órganos sexuales. Se propaga principalmente durante el coito, sea éste heterosexual u homosexual. A diferencia de otras ETS, el parásito que causa la tricomoniasis puede sobrevivir no sólo en el flujo vaginal, el semen o la orina, sino en toallas húmedas, trapos o ropa de cama. La tricomoniasis también puede propagarse por masturbación mutua si los fluidos de los genitales de un compañero sexual son pasados al otro. Como con otras ETS, un condón de látex evitará que se propague la infección.

Los síntomas de la tricomoniasis comienzan a aparecer entre cuatro y veinte días después de haber estado expuesto a la enfermedad. Pero también es posible que algunos signos de infección comiencen a aparecer años después de haber adquirido la infección. En las mujeres los síntomas pueden incluir una pesada secreción vaginal de color amarillo verdoso, dolor en el bajo abdomen, incomodidad durante el acto sexual, comezón alrededor de la vagina, dolor al orinar, y una urgencia por orinar con mayor frecuencia de lo normal. Las mujeres pueden mostrar sangrado irregular en su secreción vaginal. Los hombres con tricomoniasis pueden tener una secreción blancuzca en el pene, y dolor o dificultad al orinar.

Entre los hombres es común no presentar síntomas, y la mayor parte pueden recuperarse en algunas semanas sin necesidad de tratamiento. Pero como es probable que un hombre con tricomoniasis contagie a su compañera(o), es buena idea hacerse revisar por un médico si se presenta cualquier síntoma. Un doctor puede prescribir antibióticos que curarán la infección. Estos medicamentos deben ser tomados por ambas partes para evitar que la infección se transmita de uno al otro.

Más allá de causar vaginitis, la tricomoniasis no es una gran amenaza para tu salud. Pero con frecuencia ocurre junto con otras enfermedades de transmisión sexual como la gonorrea. Debido a esto, si padeces de tricomoniasis, pídele a tu doctor que examine si tienes otras infecciones.

Capítulo 6

Herpes genital: una infección de por vida

El martes Mary notó por primera vez una pequeña comezón en el labio. Para el jueves había alcanzado el tamaño de una moneda. Preocupada por lo que le sucedía, se lo contó a su mamá. Ella la llevó al doctor para que la examinara. El doctor habló en privado con Mary y le preguntó sobre su reciente actividad sexual con su novio. Entonces le explicó que una ampolla en el labio era un síntoma de herpes oral, y que en adelante, en cualquier momento que tuviera una ampolla en el labio, no podría besar a nadie o tener sexo oral. De hacerlo, estaría arriesgándose a propagar el herpes. Mary tendría que ser franca con cualquier chico con el que saliera y decirle sobre su ETS.

Posiblemente has escuchado sobre el herpes. Pero quizás no sepas mucho acerca de esta enfermedad. El herpes es causado por un virus llamado herpes simple. El virus causa erupciones en, o cerca, de la boca (con frecuencia llamadas ulcera labial o herpes oral) o en los genitales (conocidas como herpes genital)

También puede infectar los ojos al contacto con un dedo contaminado. Cuando una persona tiene herpes, es posible que tenga erupciones de la enfermedad durante el resto de su vida. Cuando se da una erupción, esta persona puede contagiar a los demás.

Cerca de medio millón de personas son infectadas de herpes anualmente. Esto significa que es muy posible que tú, o alguien a quien conoces tenga o pueda tener herpes. Conociendo el herpes, podrás saber cómo prevenirlo y cómo tratarlo en caso de infección.

¿Qué es el herpes?

En griego herpes significa "reptar". Se le dio este nombre al virus porque puede esconderse en el organismo por mucho tiempo sin ser detectado. Entonces, sin aviso, puede regresar y causar problemas.

Existen 5 clases de herpes, y todas son causadas por virus. No todos los tipos de herpes son transmitidos sexualmente. Uno produce varicela y herpes en los adultos, otro causa mononucleosis ("mono"), y otro, citomegalovirus (CMV). El herpes simple 1 (HSV-1) produce llagas y ampollas, generalmente en la boca, y el herpes simple 2 (HSV-2) produce herpes genital. Ambos pueden ser transmitidos sexualmente.

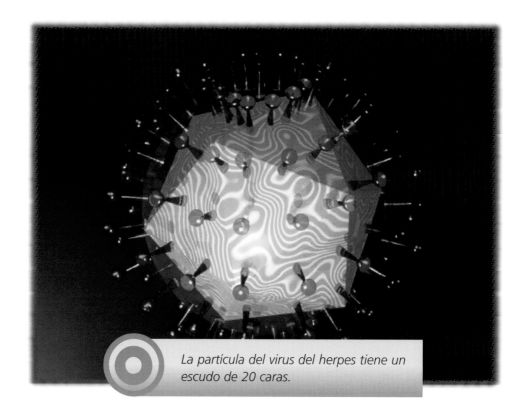

La partícula del virus del herpes tiene un escudo de 20 caras.

¿Cómo se propaga el herpes simple?

Tanto el herpes oral como el vaginal sólo pueden contagiarse por medio de contacto cutáneo directo. En otras palabras tú no puedes infectarte tan sólo por sentarte al lado de una persona con la enfermedad. Pero puedes contagiarte si tocas a la persona infectada en el lugar donde tiene la infección. El herpes simple puede surgir en cualquier parte del cuerpo, por lo que tienes que ser muy cuidadoso al respecto. A diferencia de otras ETS, es posible el contagio con sólo besar a una persona que tiene herpes labial. Además, si tienes herpes labial y practicas sexo oral puedes transmitir el herpes simple 1 en el área genital de tu compañero sexual.

Así mismo, si padeces de herpes genital activo (incluso aunque no presentes síntomas) y tienes coito vaginal o anal, podrías transmitir el virus a tu pareja.

Generalmente el herpes genital sólo es contagioso en ciertos momentos. Debido a que los síntomas son casi imperceptibles, con frecuencia lo contagian personas que no saben que están infectadas. Utilizando un condón cada vez que realices el acto sexual, puedes protegerte a ti y a tu pareja.

Espumas anticonceptivas o geles que contienen el espermicida nonoxinol–9 han demostrado ser un medio efectivo para evitar la propagación del virus del herpes simple. No olvides usar siempre el espermicida con el condón.

Una diferencia entre el herpes y otras ETS es que puedes infectarte a ti mismo con la enfermedad. Si tocas una llaga de herpes, te estás arriesgando a transportar el virus a otras partes de tu cuerpo, especialmente durante la primera erupción. Sólo hay una solución: no toques la llaga. Si lo haces, lávate las manos tan pronto como sea posible. El virus del herpes muere con facilidad con el agua y el jabón.

Síntomas y tratamiento

Una vez que has entrado en contacto con el virus, los síntomas del herpes tardan entre dos y veinte días para desarrollarse. Sin embargo, en ocasiones puede tomar mucho más tiempo. Generalmente los síntomas son más graves cuando te contagias por primera vez. Las vesículas pueden arder, producir picazón u hormigueo. Si la vesícula se encuentra en la uretra puedes sentir ardor al orinar. Puede provocarte dolor de cabeza, fiebre, dolor muscular o inflamación en las glándulas. También puedes perder el apetito y sentirte cansado.

Tras la primera erupción, el herpes parece desaparecer. Pero sólo se está escondiendo. Una vez que el virus se encuentra en el organismo, estará ahí para siempre y eventualmente puede reactivarse. Al hacerlo, viaja a través del nervio a la superficie de la piel, y entonces surge un nuevo brote. Con frecuencia esta nueva erupción sucede cerca del lugar donde brotó la primera.

En algunas personas el herpes regresa con frecuencia. Otras sólo tienen erupciones de vez en cuando (el promedio de recurrencia es de cuatro por año). Afortunadamente muchas personas tienen menos erupciones con el paso del tiempo. Aunque cada brote es muy incómodo, los síntomas en erupciones posteriores no suelen ser tan fuertes como lo fueron al principio.

A diferencia de la gonorrea o la sífilis, no existe cura conocida para el herpes genital. De cualquier forma existen algunos tratamientos. Una droga llamada acyclovir puede aliviar vesículas y ampollas dolorosas. También puede ayudarte a disminuir las erupciones de herpes genital, aunque no puede curarte. Para obtener acyclovir es necesaria una receta del doctor.

¿Qué hacer ante el contagio de herpes?

Si sospechas tienes herpes, visita a un doctor mientras duran los síntomas. El doctor revisará el área, tomará muestras de la vesícula y hará una prueba para confirmar si el virus se encuentra presente. Esta inspección no funcionará si las llagas han sanado, e incluso si tienen varios días de vida. Por eso es importante que actúes con rapidez.

Es normal que te sientas alarmado o deprimido al averiguar que has contraído herpes. Pero existen muchos centros de apoyo para personas con esta enfermedad. No tengas temor de hablar de tus sentimientos. De hecho, los doctores recomiendan encontrar apoyo emocional porque la herpes empeora con el estrés. Debido a que las erupciones pueden ser desencadenadas tanto por el estrés como por enfermedad, es importante alimentarte correctamente, conservar tu salud y aprender a manejar la tensión.

Capítulo 7

Verrugas genitales y papilomavirus humano

De acuerdo con un reporte de la *Kaiser Family Foundation*, las verrugas genitales son la enfermedad de transmisión sexual con mayor incremento en la actualidad. Las verrugas genitales son una enfermedad común que afecta a un estimado de 24 millones de estadounidenses, siendo las mujeres menores de veinticinco años el grupo más contaminado. De hecho se piensa que entre 30 y 40 por ciento de las mujeres de este grupo padecen de verrugas genitales.

Los verrugas genitales son causadas por un grupo de virus llamados papilomavirus humano, o PVH, que viven dentro de las células de la piel. Existen setenta tipos diferentes de PVH y no todos producen verrugas genitales. Algunas personas con PVH no saben que lo tienen. Las verrugas genitales se contagian por contacto cutáneo directo con alguien que porta la infección, generalmente a través de relaciones sexuales vaginales, anales u orales.

Las verrugas genitales son crecimientos o abultamientos que aparecen en las zonas del cuerpo involucradas en el acto sexual: el pene, la vulva y la vagina, e incluso en los muslos o en la garganta.

Generalmente se posan en lugares difíciles de localizar, como en el interior de la vagina, el cuello del útero o el ano. Pueden ser pequeñas o grandes, abultadas o planas, del color de la piel y no producir dolor. Pueden aparecer individualmente o en forma múltiple, y algunas pueden desarrollar una apariencia similar a una coliflor.

Si encuentras algún crecimiento, abultamiento o cualquier cambio en la piel alrededor del área genital, busca atención médica de inmediato. Las verrugas genitales pueden multiplicarse y propagarse con mucha rapidez. Mientras mayor oportunidad se les dé para crecer, mayor será la dificultad para curarse de ellas. Dile a tu doctor si tienes cualquier escozor, dolor o sangrado fuera de lo normal. Una vez detectadas, las verrugas pueden ser eliminadas, ya sea con medicamentos o mediante cirugía. Mediante tratamiento, el virus puede ser controlado. Es importante que las mujeres se hagan con regularidad el examen de Papanicolaou, para diagnosticar posible PVH.

De cualquier manera, el virus puede permanecer en el organismo por largos periodos y producir futuros brotes. Además en las mujeres el PVH es la causa principal de cáncer cervical.

Capítulo 8

El secreto está en la prevención

Contraer una enfermedad de transmisión sexual es un asunto serio. Aquí has leído acerca de los distintos tipos de enfermedades de transmisión sexual y la manera cómo pueden afectar tu salud y tu vida. Tú tendrás menos posibilidades de contraer una ETS si conoces los riesgos que existen durante las relaciones sexuales.

Tus años de adolescente son una etapa de muchos y muy importantes cambios, que en ocasiones provocan confusión. Tu cuerpo experimentará cambios muy drásticos, y lo mismo sucederá con tus sentimientos y emociones. Éste es un proceso normal que sucede al establecer tu identidad. Conforme la establezcas, comenzarás a interesarte en cosas de las que antes no habías oido ni habías experimentado. Algunas de ellas serán buenas y otras serán malas.

Hablar con tus padres sobre sexo puede ayudarte a entender algunos de tus problemas. Algunos adolescentes se sienten incómodos al discutir cuestiones sexuales con sus padres porque sienten pena o temor de hacerlos enojar. Un consejero o un doctor podrían darte una asesoría más objetiva. Si sientes confusión, preocupación, o sospechas que podrías tener una ETS, debes buscar ayuda de inmediato.

Además, es importante que te tomes tu tiempo y pienses con detenimiento acerca de las relaciones sexuales y sus posibles consecuencias, tales como contraer una ETS. Es tu responsabilidad cuidarte a ti mismo y asegurarte de practicar sexo seguro.

Revisemos algunos factores importantes al momento de tener una relación sexual:

- Siempre utiliza un condón (especialmente con espermicida) durante el acto sexual.
- Conoce el pasado sexual de tu pareja. Una relación monógama con una pareja no infectada siempre será la opción más segura.
- Si descubres algo inusual en tu cuerpo, consulta un doctor cuanto antes. Dejar una ETS desatendida producirá más complicaciones que pueden ser de por vida.

Recuerda que la prevención puede reducir considerablemente el riesgo de contraer una ETS. La prevención te ahorrará mucho tiempo, dinero y molestias. Como dice el viejo dicho: "más vale prevenir que lamentar".

Glosario

citomegalovirus Virus del herpes transmitido por la madre a un recién nacido.

coito La unión de órganos sexuales, generalmente con eyaculación del semen; copulación.

condón Preservativo; un molde de caucho que se coloca sobre el pene erecto.

contagioso Transmitido de una persona a otra.

cuello uterino Entrada al útero, en el interior de la vagina.

Enfermedad inflamatoria pélvica (EIP) Infección en el tracto genital femenino.

enfermedad venérea Enfermedad de transmisión sexual.

escroto Bolsa que sostiene los testículos.

espermatozoides Células de fecundación que produce el varón.

espiroqueta Germen que causa la sífilis.

ETS Enfermedad de transmisión sexual.

fatiga Cansancio.

fecundar Dar origen (vida) a un nuevo ser.

gonorrea Enfermedad de transmisión sexual causada por una bacteria.

herpes genital Enfermedad transmitida sexualmente.

homosexual Persona que se siente atraída, o tiene impulsos sexuales por alguien de su mismo sexo.

incubación Periodo de crecimiento.

infeccioso Contagioso; capaz de ser pasado de una persona a otra.

latente Estado de reposo o de desarrollo; capaz de volverse activo.

membrana mucosa Tejido blando en el interior de órganos como la boca, la vagina y el recto.

menstruación Sangrado mensual femenino; también se le llama "periodo".

ovarios Órganos que contienen el óvulo en una mujer.

Papanicolaou Método para la detección temprana de células cancerosas en el tracto genital femenino.

papilomavirus humano Grupo de virus que viven en el interior de las células de la piel y causan verrugas genitales.

parálisis Incapacidad de movimiento.

pene Órgano sexual externo masculino.

pus Líquido blancuzco que se acumula en úlceras y áreas infectadas.

recto Última porción del intestino grueso que empieza en el colon y termina en el ano.

semen Fluido que surge del pene y que contiene los espermatozoides.

sexo seguro Relaciones sexuales con la utilización de anticonceptivos, tales como condones para prevenir la transmisión de ETS.

SIDA Síndrome de inmunodeficiencia adquirida. Enfermedad de transmisión sexual.

sífilis Enfermedad de transmisión sexual causada por espiroquetas.

sistema inmunológico Sistema que combate las infecciones en el organismo.

testículos Glándulas que producen espermatozoides en el hombre.

transfusión (sangre) Pasar la sangre de una persona al organismo de otra.

trompas de Falopio Tubos que transportan el óvulo desde los ovarios hasta el útero.

tumores Abultamientos o protuberancias de tejido que se forman en el organismo.

útero Matriz; sito donde crece el feto.

vagina Órgano femenino que se extiende desde el útero hasta el exterior del cuerpo.

verrugas genitales Enfermedad de transmisión sexual causada por el papilomavirus humano (PVH).

virus Organismo que invade las células en el organismo.

Virus de inmunodeficiencia humana (VIH) Virus que causa el SIDA.

Dónde obtener ayuda

American Social Health Association
Asociación Norteamericana de Salud Social
P.O. Box 13827, Research Triangle Park, NC 27709
(919) 361-8400
Web site en español
http://www.ashastd.org/nah/sida/index.html

CDC National AIDS Hotline
Línea de ayuda para el SIDA
En inglés (800) 342-AIDS
En español (800) 344-SIDA

CDC National STD Hotline
Línea de ayuda para ETS
En inglés (800) 227-8922
En español (800) 344-7432

I Wanna Know
Quiero Saber
Sitio de Internet sobre ETS para adolescentes
http://www.iwannaknow.org

National Herpes Hotline
Línea de ayuda contra el herpes
(919) 361-8488

Sugerencias de lectura

En español

Guía de sexualidad para jóvenes, The Diagram Group, 2001.

En inglés

Carroll, Janell L., and Paul R. Wolpe. *Sexuality and Gender in Society.* Reading, MA: Addison Wesley Educational Publishers, 1996.

Daugirdas, John T. *STD: Sexually Transmitted Diseases, Including HIV-AIDS.* Hinsdale, IL: MedText, 1992.

Defreitas, Chrystal. *Keys to Your Child's Healthy Sexuality.* Hauppauge, NY: Barron's Educational Series, 1998.

Ford, Michael Thomas. *100 Questions and Answers About AIDS: What You Need to Know.* New York: William Morrow & Co., 1993.

Índice

Acerca del autor

Samuel G. Woods es escritor residente en Nueva York, especializado en escribir para jóvenes adultos. Actualmente trabaja en Manhattan, donde trabaja como editor y fotógrafo independiente.

Créditos fotográficos

Cover, pp. 23, 25, 34, 41, 50 © IndexStock; p. 2 by Ira Fox; pp. 7, 10 © AP/World Wide Photos.

Diseño

Nelson Sá